Oliver Wild

Verbesserung der individualtaktischen- und gruppentaktischen Maßnahmen Kreuzen, Spiel durch die Gasse und Hinterlaufen mit Torabschluss im Fußball

GRIN Verlag

Bibliografische Information der Deutschen Nationalbibliothek:

Die Deutsche Bibliothek verzeichnet diese Publikation in der Deutschen National-
bibliografie; detaillierte bibliografische Daten sind im Internet über http://dnb.d-
nb.de/ abrufbar.

Impressum:

Copyright © 2011 GRIN Verlag, Open Publishing GmbH
Druck und Bindung: Books on Demand GmbH, Norderstedt Germany
ISBN: 978-3-640-96569-4

Dieses Buch bei GRIN:

http://www.grin.com/de/e-book/174913/verbesserung-der-individualtaktischen-
und-gruppentaktischen-massnahmen

GRIN - Your knowledge has value

Der GRIN Verlag publiziert seit 1998 wissenschaftliche Arbeiten von Studenten, Hochschullehrern und anderen Akademikern als eBook und gedrucktes Buch. Die Verlagswebsite www.grin.com ist die ideale Plattform zur Veröffentlichung von Hausarbeiten, Abschlussarbeiten, wissenschaftlichen Aufsätzen, Dissertationen und Fachbüchern.

Besuchen Sie uns im Internet:

http://www.grin.com/

http://www.facebook.com/grincom

http://www.twitter.com/grin_com

Fakultät für Pädagogik

Institut für Sportwissenschaften und Sport

Lehrpraktische Übung Fußball

Frühjahrstrimester 2011

Berufsfeldbezogenes lehrpraktisches Handeln

Fußball

Thema: Verbesserung der individualtaktischen- und gruppentaktischen Maßnahmen Kreuzen, Spiel durch die Gasse und Hinterlaufen mit Torabschluss im Fußball

Vorgelegt von: Oliver Wild

Student der Sportwissenschaften, Jahrgang 2008

Email:

Neubiberg, 21.02.2011

Inhaltsverzeichnis

Abbildungsverzeichnis

Tabellenverzeichnis

1. Einleitung

Der Fußballsport erfreut sich in Europa, und im Speziellen in Deutschland, weiterhin großer Beliebtheit. So verzeichnet der Deutsche Fußball Bund (DFB) über 6,7 Millionen Mitglieder, dabei mehr als 25.000 Vereine in 21 Landesverbänden und fünf Regionalverbänden (Stand 2010, Quelle: Internetauftritt DFB). Das erfolgreiche Abschneiden der DFB-Auswahl, sowohl bei den Männern, als auch den Frauen, sowie die gelungene Veranstaltung großer internationaler Turniere fördern den Reiz am Fußballsport noch zusätzlich. In der vorliegenden Arbeit soll die Vermittlung von gruppen- und individualtaktischen Fertigkeiten aufgezeigt werden, wie sie auch im Rahmen von gehobenem Schulsport oder dem Vereinswesen im Zuge von Trainertätigkeiten stattfinden könnte. Dabei wird der Planungsprozess gemäß Heymann und Leue (2008) durchlaufen und im Folgenden aufgezeigt. Als Zielgruppe gelten hier alle Sportler der Spielsportart Fußball.

2. Erhebung der institutionellen Bedingungen

In diesem ersten Schritt wird versucht, sämtliche Bedingungen die durch die Institution Universität der Bundeswehr München (UniBwM) gegeben sind, zu erfassen. Neben den räumlichen-, materiellen- und organisatorischen Gegebenheiten werden die Anzahl der zu Unterrichtenden und die aus den zuvor genannten Gegebenheiten entstehenden Möglichkeiten aufgezeigt. Dies soll dazu führen, dass der Planungsprozess in Bezug auf Zielfestlegung, Methoden, Medienentscheidungen und Festlegung der Organisationsform die richtigen, das heißt fehlerfreie, Entscheidungen hervorbringt (Heyman und Leue, 2008, S.6ff).

2.1 Räumliche Gegebenheiten

Die Jahreszeit macht es erforderlich, dass die Unterrichtung in der Sporthalle durchgeführt werden muss. Die UniBwM verfügt über drei Sporthallen. Aus diesem Pool steht die Sporthalle 1 für das gewählte Unternehmen zur Verfügung. Diese Sporthalle ist zentral auf dem Campus zwischen Mensa und Universitätskirche gelegen. Die universitätsinterne Hausnummer ist die 31 (siehe dazu Anlage 1: Lageplan der UniBwM). Da die Teilnehmer des Unterrichts in unmittelbarer Nähe zur Sporthalle wohnen, und sie des Weiteren alle mit deren Lage vertraut sind, spielt die Entfernung zum Unterrichtsort keine maßgebende Rolle. Weiterhin verfügt die Sporthalle über ausreichende Umkleidemöglichkeiten, Dusch- und Waschmöglichkeiten und über einen Hallenwart mit Erste- Hilfe- Material und Kühlschrank mit vorhandenen Kühlakkus. Eine Telefonverbindung zum ebenfalls auf dem Campus gelegenen Sanitätszentrum ist im Vorraum vorhanden. Die Halle ist gekennzeichnet durch Standardmaße und durch eine ausreichend hohe Decke. Der Parkettboden federt leicht und biete verschiedene Spielfeldmarkierungen, beispielsweise für Handball, Basketball, Volleyball, Badminton und Hallenfußball. Sitzbänke sind in der Halle neben den Toren vorhanden. Diese lassen sich bewegen und somit auch für theoretische Unterweisungen nutzen. Ein Raum zur theoretischen Unterweisung ist nicht vorhanden. Weiterhin verfügt die Halle über herablassbare Basketballkörbe und über ein Materiallager, dessen Schlüssel beim Hallenwart empfangen werden kann. Die Hallenwände sind massiv und eignen sich zum Anbringen von Fipcharts oder ähnlichem. Weiterhin verfügt die Halle an der Stirnseite über eine analoge Uhr.

2.2 Materielle Gegebenheiten

Neben den von den Teilnehmern selbst gestellten Materialen wie Schuhen und fußballspezifischer Kleidung, können weitere Materialien in Absprache mit dem Dozenten empfangen werden. So stehen mindestens fünf Fußbälle und eine Vielzahl von Leibchen, Hütchen, Stangen, Kegeln und Medizinbällen in guter Qualität zur Verfügung. Wichtig bezüglich dieser Materialien ist es, diese rechtzeitig bei den Kommilitonen und Dozenten zu empfangen. In der Halle selbst stehen wie angesprochen Bänke, Tore, aber auch Großgerät wie Kästen, Matten und andere Turngeräte zur Verfügung. Ein Kompressor zum Aufpumpen der Bälle befindet sich in einem Kleingeräteraum. Weiteres zur Unterrichtung notwendiges Material, wie Taktikmappen, Pfeifen oder Stoppuhren müssen durch den Übungsleiter gestellt und mitgeführt werden.

2.3 Organisatorische Gegebenheiten

Auf Grund von Zeiten für das freie Training und Trainings- und Arbeitsgemeinschaften ist der Belegungsplan der Halle relativ voll. Nach Absprache kann die Halle für das Vorhaben montags von 1100 Uhr bis 1230 Uhr (fiktiv) und speziell am 28. Februar 2011 zur alleinigen Benutzung bereitgestellt werden. Somit ist eine Ablenkung durch andere weitestgehend ausgeschlossen. Die Gruppengröße beläuft sich auf 8 - 10 Teilnehmer. Darüber hinaus findet die Stunde in einer Zeit statt, in der alle Teilnehmer erholt und auch zeitlich problemlos verfügbar sind.

3. Planung der Makrostruktur

Dieser Schritt ist der entscheidende und die Planung am stärksten beeinflussende Schritt überhaupt. Die Planung der Makrostruktur unterteilt sich in die Festlegung der Grobziele, in eine Sach- und Zielanalyse, in das Beschreiben der speziellen Voraussetzungen der Teilnehmer, in das Planen der einzelnen Lehreinheiten und mündet im Erstellen des Abschnittplans. Es werden also Entscheidungen über Ziele der Lehreinheiten getroffen, Methoden festgelegt, die entsprechenden Medien ausgewählt und letztendlich mehrere Lehreinheiten miteinander verbunden und ineinander verzahnt, so dass eine langfristige Planung vorliegt (Heyman und Leue, 2008, S.4 und 5).

3.1 Festlegung der Grobziele

Die Festlegung der Grobziele soll das gewünschte Endverhalten repräsentieren. Somit sind mit deren Festlegung Zielvorstellungen über einen längeren Zeitraum, also für eine Lehreinheit angegeben. Von den Grobzielen werden dann, nach Kenntnisgewinn der speziellen Voraussetzungen der Teilnehmer die Feinziele abgeleitet. Das bedeutet aber auch, dass die im Folgenden benannten Grobziele noch vorläufig sind, da Änderungen durch die Sachanalyse und die Erhebung der speziellen Voraussetzungen der Teilnehmer möglicherweise nötig sind.

Die Grobziele für die „Verbesserung der individualtaktischen- und gruppentaktischen Maßnahmen Kreuzen, Spiel durch die Gasse und Hinterlaufen mit Torabschluss im Fußball" lauten:

Die Teilnehmer...

- verbessern die individualtaktische Maßnahme des Kreuzens (in Abgrenzung zur gruppentaktischen Maßnahme des Kreuzens).
- verbessern die gruppentaktischen Maßnahmen Spielen durch die Gasse und Hinterlaufen.
- können die oben genannten taktischen Maßnahmen im Spiel erfolgreich anwenden.

3.2 Sachanalyse

Die Sachanalyse erlaubt durch eine Analyse der physischen-, kognitiven-, emotionalen-, affektiven- oder sozialen Lernziele, sowie der Methoden, Medien, Formen und der Teilnehmer selbst, die Lehreinheit zu entwerfen. Bewegungsstrukturen der einzelnen zu erlernenden Techniken, der zu vermittelnden taktischen Fähigkeiten oder des zu erlangenden Wissens einerseits selbst bewusst zu werden, andererseits mit Hilfe der Analyse der angesprochenen Variablen das zu Vermittelnde anschaulich präsentieren zu können. Es sollen also sämtliche Lehrinhalte dieser Analyse unterzogen werden(vgl. dazu Heymen und Leue, 2008, S.30ff). Herausstellen will ich noch explizit, dass hier nur die Inhalte und Geräte einer Analyse unterzogen werden, die während der Durchführung der Lehreinheiten genutzt werden. So lassen sich beispielsweise deutlich mehr Geräte des Fußballtrainings auflisten und beschreiben als es hier notwendig wäre. Die folgenden Unterpunkte aber sollen während der Lehreinheiten genutzt oder vermittelt werden und werden daher der Analyse unterzogen.

3.2.1 Die individualtaktische Maßnahme des Kreuzens

Diese Maßnahme stellt nicht ausschließlich eine Maßnahme des Angriffs dar, soll im Folgenden aber nur aus angriffstaktischer Sicht betrachtet werden. Eine Übertragung auf defensivtaktisches Verhalten sollte mit dem folgenden Wissen möglich sein. Das Kreuzen ist eine Lauf- und Dribbelform um dem Gegner den Weg zum Ball oder zum Tor zu verwehren. Man kreuzt dabei den Laufweg des Gegners, das heißt, dass man die gedachte Linie zwischen zwei Punkten, also den kürzesten Weg zwischen zwei Punkten, kreuzt. Damit zwingt man den Gegner, der sich bei dieser Maßnahme leicht hinter einem befinden muss, abzubremsen, und damit einen Vorteil für sein eigenes Handeln abzuringen. Oder der Gegner muss versuchen durch ein Tackling doch noch an den Ball zu kommen. Die Chance auf Erfolg ist dabei geringer als bei einem Laufduell auf gleicher Augenhöhe. Bei einem Lauf- oder Dribbelduell ermöglicht das Kreuzen also oft den entscheidenden Vorteil, das heißt einen entscheidenden Vorsprung gegenüber dem Gegner, zu erlaufen und damit in eine günstigere Position für den Torabschluss oder das Erreichen des Balles zu erhalten. Die Abbildungsreihe 1 zeigt das Beschriebene noch einmal und verdeutlicht es. Wichtig: Das Kreuzen ist auch ein Begriff der Gruppentaktik und betrifft die Schwierigkeit beim Übergeben von Gegenspielern die ihre Positionen wechseln, beispielsweise durch kreuzen. Diese gruppentaktische Maßnahme soll hier nicht weiter vorgestellt werden.

Abbildung 1

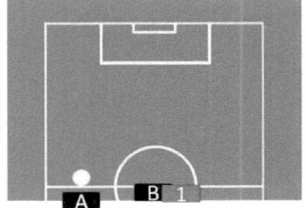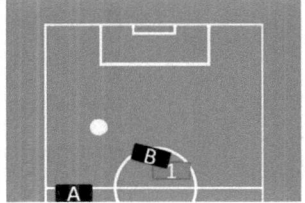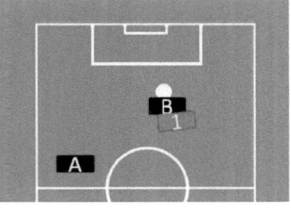

A spielt einen langen Ball vor den Strafraum von 1 in den
Laufweg von B.
B und 1 starten zum Laufduell um den Ball.

B hat durch einen schnelleren Antritt einen leichten
Vorsprung vor 1 und zieht durch kreuzen in den Laufweg
von 1.

Da 1 abstoppen musste um B nicht im Lauf zu foulen
erreicht B den Ball als erster und befindet sich in guter
Position zum Tor.

Am Beispiel der Abbildung 1 lassen sich gut die entscheidenden Kriterien für das Gelingen solcher
Situationen ableiten. Neben der Tatsache, dass B den Pass in die Tiefe erkennen, besser noch fordern sollte,
muss er in der Lage sein, durch einen möglichst schnellen Antritt einen, wenn auch geringen, Vorsprung vor
1 zu erlaufen. Ist er dann geringfügig vor 1 muss er in dessen Laufweg kreuzen und somit 1 den Weg zum
Ball versperren. Diese Möglichkeit bedingt aber auch, dass A den Ball mit richtiger Härte in den Lauf von B
spielt, so dass dieser möglichst ungebremst den Ball mitnehmen kann und seine Position näher zum Tor
nutzen kann. Weiterhin sollte B mit einem Tacklingversuch von 1 rechnen, der nur mit dieser Möglichkeit
noch in der Lage ist, B auf faire Weise vom Ball zu trennen.

3.2.2 Die gruppentaktische Maßnahme des Hinterlaufens

Das Hinterlaufen im Rahmen der Gruppentaktik ermöglicht das Schaffen freier Räume. Und zwar in
zweierlei Hinsicht. So ergeben sich Alternativen die hier skizziert werden sollen. Im Spiel 2:1 bindet ein
ballführender Spieler den Gegenspieler (Partner blank spielen), der zweite Angreifer kann sich durch
Hinterlaufen in eine günstige Anspielposition bringen und den Gegner überlaufen. Im Spiel 2:2 ist einerseits
das Binden zweier Verteidiger durch den Ballführenden möglich (Partner blank spielen), wodurch sich
wiederum der zweite Angreifer in eine günstige Anspielposition bringen kann. Oder aber das Hinterlaufen
führt dazu, dass einer der Verteidiger raus rückt um den Hinterläufer zu decken und damit dem
Ballführenden eine 1:1 Situation gegen den zweiten Verteidiger erlaubt. Wichtig dabei ist es zu beachten,
dass der Hinterläufer in höchstem Tempo, eng am Rücken des Ballführenden hinterläuft um zügig in die
gewünschte Position zu kommen und den Ballführenden nicht in alternativen Aktionen zu behindern.
Weiterhin muss ein Zuspiel auf den Hinterläufer in dessen Bewegung erfolgen, damit dieser seinen
Geschwindigkeitsvorteil gegenüber dem dann rausrückenden Verteidiger nutzen kann. Auch muss sich der
Hinterläufer bewusst sein, dass er nicht immer den Ball bekommt, aber durch sein Hinterlaufen Räume und
Möglichkeiten für den Ballführenden schafft. Häufige Fehler bei der Ausführung sind, dass der Ballführende
nicht energisch genug den Verteidiger bindet und somit den Partner blank spielt, dass der Hinterläufer die
Situation nicht erkennt oder zu langsam hinterläuft und damit einen zu geringen Geschwindigkeitsvorteil
gegenüber dem Verteidiger aufbaut, dass der Ballführende nicht mit dem Hinterlaufen rechnet (mangelnde
Kommunikation), oder dass der Pass zu früh oder nicht ausreichend in die Bewegung des Hinterläufers
gespielt wird und diesem damit das Durchbrechen erschwert wird (vergleiche dazu: Reimöller, 2008, S.138).
Die Abbildungen 2 und 3 verdeutlichen das Genannte nochmals.

Abbildung 2: Hinterlaufen beim 2:2

Angreifend = blau

Verteidigend = orange

Pfeil blau geschwungen = Dribbelweg

Pfeil blau durchgezogen = Passspiel

Pfeil blau gestrichelt = Laufweg

Abbildung 3: Hinterlaufen beim 2:1 (beachte Bild 2: zu fernes Hinterlaufen des Ballführenden)

3.2.3 Die gruppentaktische Maßnahme des Spielens durch die Gasse

Das Spielen durch eine von gegnerischen Verteidigern gebildete Gasse sorgt bei diesen häufig für Abstimmungsprobleme. Oft kommt es dann vor, dass keiner von diesen oder mehrere von den Verteidigern zum Angreifer laufen. Im ersten Fall kann der Angreifer relativ ungestört die Situation nutzen. Im zweiten Fall kann er möglicherweise seinen Vorsprung nutzen und eine Folgenhandlung ausführen, bindet aber definitiv mehrere Verteidiger auf sich und schafft damit Freiräume für andere. Das Spiel durch die Gasse erfordert vom Zuspieler diese zu erkennen und zielgenau und zeitlich getimt zu spielen. Vom angespielten erfordert es vor allem im richtigen Moment zu starten um nicht im Abseits zu stehen, den Ball energisch in die Gasse zu fordern und anschließend durch einen möglichst schnellen Antritt zum Ball die Situation, das heißt die möglichen Abstimmungsprobleme beim Gegner, zu nutzen.

3.2.4 Die Kombination der Maßnahmen Kreuzen, Spiel durch die Gasse und Hinterlaufen

Die genannten individual- und gruppentaktischen Maßnahmen lassen sich relativ gut miteinander kombinieren und deren Wirkung so enorm steigern. So kann nach einem Spiel durch die Gasse ein Laufduell mit dem Gegner entstehen und das Kreuzen in den Laufweg des Gegners angewendet werden. Auch lässt sich das Hinterlaufen mit dem Spielen durch die Gasse kombinieren. Eine ebenfalls sehr hilfreiche, hier aber nicht aufgeführte Maßnahme ist der Doppelpass. Mit dessen Hilfe ebenfalls Spiel durch die Gasse und Hinterlaufen, wie auch ein anschließendes Kreuzen in den Laufweg des Gegners angwendet werden können.

3.3 Das Lernstrukturdiagramm

Dieses Hilfsmittel dient dazu, die Frage: "Was muss der Adressat unabdingbar können, um das Ziel zu erreichen?" Man stellt sich also die Frage, welche Teillernziele müssen erreicht werden, um letztendlich das Lernziel zu erreichen? Beantwortet man sich diese Frage, so erhält man gleichzeitig einen Überblick über die Strukturierung und Reihenfolge der Lernschritte. Mit diesem Überblick kann man stets den aktuellen Ist-Zustand vergleichen und entsprechend dem Lernstrukturdiagramm folgen um das Endziel: Einführung in das Aquajogging, mit dem Ziel der Steigerung der allgemeinen aeroben dynamischen Ausdauer, und das Erfahren des Stimmungsmanagements mit Hilfe des Sports, zu erhalten (vgl. dazu Heyman und Leue, 2008, S.32f). Die Abbildung 4 zeigt das Lernstrukturdiagramm (aufbauend von unten nach oben).

Abbildung 4: das Lernstrukturdiagramm

3.4 Spezielle Voraussetzungen der Teilnehmer

Ziel dieses Schrittes ist es, sich darüber bewusst zu werden, welche Kenntnisse, Fertigkeiten und Einstellungen die Teilnehmer hinsichtlich eines Grobziels bereits besitzen. Mit Hilfe dieses Wissens lassen sich Lehreinheiten besser planen und die genaue Benennung der Feinziele fällt leichter. Es wird quasi der Ist-Zustand definiert, um Über- und Unterforderungen der Teilnehmer vermeiden zu können (vgl. dazu Heymen und Leue, 2008, S.41).

Die Teilnehmer entspringen dem Studiengang Sportwissenschaften 2008. Vorwegnehmen lässt sich, dass es sich um eine relativ homogene Gruppe handelt. So sind alle Teilnehmer zwischen 22 und 30 Jahren alt. Die Körpergröße variiert von 167cm bis 189cm. Ebenso die Statur der Teilnehmer, dies muss besonders beim

Üben des Kreuzens der Laufwege bedacht werden. Bei dieser taktischen Maßnahme kann es je nach Übungsintensität zu Körperkontakt kommen. Um das Verletzungsrisiko minimieren zu können sollten also nur Teilnehmer mit ähnlicher Statur gegeneinander ins Laufduell geschickt werden. Was die sensumotorische Leistungsfähigkeit betrifft, so kann deren Quantität ebenfalls außer Acht gelassen werden, da die Teilnehmer mit dem Umgang am Ball vertraut sind und die Thematik vor allem taktisches Verständnis erfordert, nicht aber das Lernen neuer Techniken. Dennoch muss, um das Gelingen der taktischen Maßnahmen umsetzen zu können auf die korrekte Ausführung von Pässen, An- und Mitnahmen und Täuschungen wert gelegt werden. Dies gilt es zu Überwachen und gegebenenfalls zu korrigieren. Durch den Umstand, dass alle Teilnehmer Offiziere im Studium sind, ist eine entsprechend hohe Disziplin zu erwarten. Auch die Leistungsfähigkeit bezüglich verbaler und visueller Informationsaufnahme ist bei allen Teilnehmern ausreichend vorhanden. Muskelkraft, allgemeine- und muskuläre Ausdauer, Schnelligkeit und Gewandtheit sind bei allen Teilnehmern soweit vorhanden, dass sie bei der Durchführung der Lehreinheiten keinen begrenzenden Faktor darstellen. Beeinträchtigungen hinsichtlich Motorik, Seh- und Hörvermögen oder der Aufnahmefähigkeit sind nicht vorhanden. Auch Herz- Kreislauf- Erkrankungen sind nicht bekannt.Die Teilnehmer zeichnen sich weiterhin durch eine hohe Selbstständigkeit, ein hohes Interesse, durch einen guten sozialen Umgang untereinander, sowie durch eine gute Kenntnis der entsprechenden Organisationsformen aus.

Die Vorkenntnisse bezüglich der drei Grobziele variieren beim Teilnehmerfeld stark. So sagen einige von sich, dass sie mit allen drei taktischen Maßnahmen bestens vertraut sind und diese anwenden können und anwenden. Andere sagen von sich, dass sie von taktischen Maßnahmen bereits gehört haben, diese aber werden erklären oder anwenden können. Es muss also im vornherein klar sein, dass die Unterrichtung für einige Teilnehmer nur als Ergänzung, Auffrischung oder Vertiefung und Inübunghaltung angesehen werden kann. Eine genaue Auflistung der Teilnehmer, sowie eine dazu gehörige Auflistung der anthropometrischen Daten und Vorkenntnisse bezüglich der Thematik ist in Anlage 2 abgebildet.

3.5 Entwurf der Lehreinheiten

Die Planung der Lehreinheiten legt die Grobstruktur des Lernweges mit zeitlicher und inhaltlicher Abfolge fest. So werden die einzelnen Feinziele definiert und im weiteren Verlauf auf die Stunden verteilt. Mit Hilfe der Feinziele ist eine optimale Lernkontrolle möglich. Als weiterer Schritt wird über das methodische Konzept entschieden. Dabei wird ebenfalls der Medieneinsatz geplant, welcher sich an den Methoden zur Zielerreichung orientiert. Im letzten Schritt wird die Lehreinheit gegliedert, das heißt die Lehreinheiten werden ineinander verschachtelt, verzahnt und an einander gereiht (vgl. dazu Heymen und Leue, 2008, S. 44ff).

3.5.1 Lehreinheit I

Das Grobziel muss aufgrund der vorliegenden Analysen nicht verändert werden und heißt:

Die Teilnehmer verbessern die individualtaktische Maßnahme des Kreuzens.

3.5.1.1 Festlegung der Lernziele

Der Katalog von Feinzielen für das oben genannte Grobziel lautet:

Die Teilnehmer:

- kennen die Maßnahme, das heißt, können Fehler und maßnahmentypische Voraussetzungen aufzählen
  und

- wissen sie situationsentsprechend in der Grobform einzusetzen.

3.5.1.2 Methoden
Im induktiven Lehrgespräch sollen die Teilnehmer die individualtaktische Maßnahme des Kreuzens der Laufwege kennen lernen. Dabei sollen Situationen in denen die Maßnahme Erfolg verspricht genannt, und Fehlerbilder und Voraussetzungen bei Passgeber und Passempfänger erläutert werden. Auf das bereits vorhandene Vorwissen soll durch den Dialog zurückgegriffen werden.

Nach der theoretischen Einführung soll die Maßnahme mit Hilfe von aufeinander aufbauenden Übungen veranschaulicht und soweit gefestigt werden, dass sie im Spiel mindestens in der Grobform angewendet werden kann. Die Übung der Maßnahme richtet sich nach dem Prinzip „vom Einfachen (wettspielfernen) zum Komplexen (wettspielspezifischen)."

3.5.1.3 Medien
Zur theoretischen Veranschaulichung der Maßnahme sollen Medien wie FlipCharts oder Taktikboards genutzt werden. Diese müssen im Vornherein durch den Lehrenden erstellt werden.

Weiterhin wird, sofern eines gefunden werden kann, versucht, ein entsprechendes Veranschaulichungsvideo in den Theorieteil miteinfließen zu lassen.

3.5.1.4 Organisation
Im ersten Teil, der theoretischen Unterrichtung, bildet das Teilnehmerfeld eine formationslose Sitzgemeinschaft um das zur Verfügung stehende Medium.

Der zweite, praktische, Teil, soll eine der gewählten Übung entsprechende Formation nutzen. Da eine Übungsauswahl bisher nicht stattgefunden hat, ist eine genaue Beschreibung der zu wählenden Formation hier nicht möglich.

Es lässt sich aber bereits festlegen, dass die Übung durch den Lehrenden erklärt werden wird, und die Teilnehmer den Anweisungen entsprechend die Übung durchlaufen sollen.

3.5.2 Lehreinheit II
Das Grobziel muss aufgrund der vorliegenden Analysen nicht verändert werden und heißt:

- *Die Teilnehmer verbessern die gruppentaktischen Maßnahmen Spielen durch die Gasse und Hinterlaufen.*

3.5.2.1 Festlegung der Lernziele
Der Katalog von Feinzielen für das oben genannte Grobziel lautet:

Die Teilnehmer:

- kennen die Maßnahmen, das heißt, können Fehler und maßnahmentypische Voraussetzungen aufzählen
  und
- wissen sie situationsentsprechend in der Gorbform einzusetzen.

3.5.2.2 Methoden

Im induktiven Lehrgespräch sollen die Teilnehmer die gruppentaktischen Maßnahmen des Spielens durch die Gasse und des Hinterlaufens kennen lernen. Dabei sollen Situationen in denen die Maßnahmen Erfolg versprechen genannt, und Fehlerbilder und Voraussetzungen bei Passgeber und Passempfänger erläutert werden. Auf das bereits vorhandene Vorwissen soll durch den Dialog zurückgegriffen werden.

Nach der theoretischen Einführung sollen die Maßnahmen mit Hilfe von aufeinander aufbauenden Übungen veranschaulicht und soweit gefestigt werden, dass sie im Spiel mindestens in der Grobform angewendet werden können. Die Übung der Maßnahmen richtet sich nach dem Prinzip „vom Einfachen (wettspielfernen) zum Komplexen (wettspielspezifischen)."

3.5.2.3 Medien

Zur theoretischen Veranschaulichung der Maßnahme sollen Medien wie FlipCharts oder Taktikboards genutzt werden. Diese müssen im Vornherein durch den Lehrenden erstellt werden.

Weiterhin wird, sofern eines gefunden werden kann, versucht, ein entsprechendes Veranschaulichungsvideo in den Theorieteil miteinfließen zu lassen.

3.5.2.4 Organisation

Im ersten Teil, der theoretischen Unterrichtung, bildet das Teilnehmerfeld eine formationslose Sitzgemeinschaft um das zur Verfügung stehende Medium.

Der zweite, praktische, Teil, soll eine der gewählten Übung entsprechende Formation nutzen. Da eine Übungsauswahl bisher nicht stattgefunden hat, ist eine genaue Beschreibung der zu wählenden Formation hier nicht möglich.

Es lässt sich aber bereits festlegen, dass die Übung durch den Lehrenden erklärt werden wird, und die Teilnehmer den Anweisungen entsprechend die Übung durchlaufen sollen.

3.5.3 Lehreinheit III

Das Grobziel muss aufgrund der vorliegenden Analysen nicht verändert werden und heißt:

Die Teilnehmer können die genannten individualtaktischen- und gruppentaktischen Maßnahmen im Spiel erfolgreich anwenden.

3.5.3.1 Festlegung der Lernziele

Der Katalog von Feinzielen für das oben genannte Grobziel lautet:

Die Teilnehmer:

- erlangen die Befähigung die Maßnahmen im Spiel erfolgsversprechend anwenden zu können.

3.5.3.2 Methoden

Die im Rahmen dieses Grob- und Feinziels gewählten Übungen unterscheiden sich zu den Übungen der Lehreinheiten I und II dadurch, dass sie deutlich stärkeren Bezug zum Wettspiel haben. Das heißt, sie sind gekennzeichnet durch aktive Gegner, durch Sieg- und Niederlage (des Einzelnen und der agierenden Gruppen) oder durch spieltypische- und spieluntypische Belastungen vor und während der Ausführung.

3.5.3.3 Medien

Eine theoretische Einführung der Maßnahmen selbst, ist in dieser Phase nicht mehr von Nöten, dennoch kann nicht auf den Einsatz von Medien verzichtet werden. Diese werden dazu benötigt, Spielsituationen zu veranschaulichen und zu erklären und im Nachhinein Verbesserungen bei der Ausführung der Maßnahmen zu erläutern.

Genutzt werden dazu Taktiktafeln.

3.5.3.4 Organisation

Es lässt sich bereits festlegen, dass die Übung durch den Lehrenden erklärt werden wird, und die Teilnehmer den Anweisungen entsprechend die Übung durchlaufen sollen

Eine Allgemeine Organisationsformbeschreibung lässt sich durch die bisher nicht erfolgte Übungsauswahl nicht geben.

Auf Anweisung des Lehrenden sollen bestimmte laufende Spielsituationen „eingefroren" werden oder am Taktikboard im Nachhinein nochmals veranschaulicht werden. Dazu wird es mitunter nötig sein, dass sich formationslos um den Lehrenden gesammelt wird und möglicherweise der Monolog oder auch Dialog mit den Teilnehmern gesucht wird.

3.6 Abschnittsplan

Mit Hilfe des Abschnittsplans ist es möglich einen Überblick über den zeitlichen- und den inhaltlichen Ablauf zu erhalten. Weiterhin können einseitige- und Überbelastungen erkannt und damit vermieden werden. Ziel ist es, alle Unterrichte so miteinander zu verbinden, dass Neu ernen, Verbessern und Festigen optimal verlaufen (vgl. dazu Heymen und Leue, 2008, S.53ff). Der Abschnittsplan ist eine tabellarische Auflistung und ist im Folgenden als Tabelle 1 abgebildet.

Zeitpunkt	Dauer in Minuten	Restzeit in Minuten	Inhalt	Thema und Stundenziel
1. Unterrichts-einheit	5	85 von 90	Begrüßung	Die individualtaktische Maßnahme des Kreuzens der Laufwege: Die Teilnehmer: - kennen die Maßnahme, das heißt, können Fehler und maßnahmentypische Voraussetzungen aufzählen und - wissen sie situationsentsprechend in der Grobform einzusetzen.
	10	75	Allgemeine Erwärmung	
	10	65	Spezielle Erwärmung	
	10	55	Theorie des Kreuzens der Laufwege	
	30	25	Übungen zum Kreuzen der Laufwege	

	15	10	Abschlussspiel mit Blickpunkt auf taktisch Maßnahme der Stunde	
	5	5	Cool Down	
	5	0 von 90	Fragen und Verabschiedung	

Zeitpunkt	Dauer in Minuten	Restzeit in Minuten	Inhalt	Die gruppentaktische Maßnahme des Hinterlaufens:
2. Unterrichtseinheit	5	85 von 90	Begrüßung + kurze Abfrage Kreuzen	Die Teilnehmer:
	10	75	Theorie Hinterlaufen	
	10	65	Allgemeine Erwärmung	- kennen die Maßnahmen, das heißt, können Fehler und maßnahmentypische Voraussetzungen aufzählen
	10	55	Spezielle Erwärmung	
	30	25	Übungen zum Hinterlaufen	und
	15	10	Abschlussspiel mit Blickpunkt auf taktisch Maßnahme der Stunde	- wissen sie situationsentsprechend in der Grobform einzusetzen.
	5	5	Cool Down	
	5	0 von 90	Fragen und Verabschiedung	

Zeitpunkt	Dauer in Minuten	Restzeit in Minuten	Inhalt	Die gruppentaktische Maßnahme des Spielens durch die Gasse
3. Unterrichtseinheit	5	85 von 90	Begrüßung + Abfragen Hinterlaufen	Die Teilnehmer: - kennen die Maßnahmen, das heißt, können Fehler und maßnahmentypische Voraussetzungen aufzählen
	10	75	Theorie spiel durch die Gasse	
	10	65	Allgemeine Erwärmung	
	10	55	Spezielle Erwärmung	und
	30	25	Übungen zum Spiel durch die Gasse	- wissen sie situationsentsprechend in der Grobform einzusetzen.
	15	10	Abschlussspiel mit Blickpunkt auf taktisch Maßnahme der Stunde	
	5	5	Cool Down	
	5	0 von 60	Fragen und Verabschiedung	

Zeitpunkt	Dauer in Minuten	Restzeit in Minuten	Inhalt	Die individual- und gruppentaktischen Maßnahmen des Kreuzens, Hinterlaufens, Spielens durch die Gasse und deren Kombination
4. Unterrichtseinheit	2	88 von 90	Begrüßung	
	15	73	Allgemeine Erwärmung	Die Teilnehmer:
	5	68	Spezielle Erwärmung	- festigen ihr Wissen um die taktischen Maßnahmen
	5	63	Dialog zu Übung 1: Kreuzen	
	10	53	Übung 1: Kreuzen	
	5	48	Dialog zu Übung 2: Hinterlaufen	
	10	38	Übung 2: Hinterlaufen	- trainieren die taktischen Maßnahmen
	5	33	Dialog zu Übung 3: Spiel durch die Gasse	- kombinieren die taktischen Maßnahmen
	10	23	Übung 3: Spiel durch die Gasse	

15	8	Erklärung – Durchführung Übung 4: Kombination der Maßnahmen
5	3	Cool Down
3	0 von 90	Fragen und Verabschiedung

Zeitpunkt	Dauer in Minuten	Restzeit in Minuten	Inhalt	Die individual- und gruppentaktischen Maßnahmen des Kreuzens, Hinterlaufens, Spielens durch die Gasse und deren Kombination
	5	85 von 90	Begrüßung	
	10	75	Allgemeine Erwärmung	Die Teilnehmer:
	10	65	Spezielle Erwärmung	
5. Unterrichtseinheit	10	55	Übung: Kreuzen (aktiver Gegenspieler)	
	15	40	Übung: Hinterlaufen (aktiver Gegenspieler	
	15	25	Übung: Spiel durch die Gasse (aktiver Gegenspieler)	
	15	10	Übung: Kombination der Maßnahmen (aktiver Gegenspieler)	- trainieren die taktischen Maßnahmen und
	5	5	Cool Down	- kombinieren die taktischen Maßnahmen in spielnahen Situationen
	5	0 von 90	Fragen und Verabschiedung	

Zeitpunkt	Dauer in Minuten	Restzeit in Minuten	Inhalt	Die individual- und gruppentaktischen Maßnahmen des Kreuzens, Hinterlaufens, Spielens durch die Gasse und deren Kombination
	5	85 von 90	Begrüßung	Die Teilnehmer:
	10	75	Allgemeine Erwärmung	
6. Unterrichtseinheit	10	65	Spezielle Erwärmung	- trainieren die Maßnahmen kombiniert und spielnah
	30	35	Übungen die die Maßnahmen kombinieren (aktiver Gegenspieler)	- wenden die Maßnahmen im Spiel an
	25	10	Spiel mit Blickpunkt auf taktische Maßnahmen	
	5	5	Cool Down	
	5	0 von 60	Fragen und Verabschiedung	

Tabelle 1

4. Planung der Mikrostruktur

In der Planung der Mikrostruktur werden die einzelnen Unterrichtseinheiten betrachtet. Es werden wesentliche Punkte dieser einzelnen Unterrichtseinheiten entschieden und festgelegt. Dazu zählen die Nennung des Stundenthemas und des dazugehörigen Lernziels, die Entscheidung für die entsprechende Methodik, die Wahl der richtigen Medien und Organisationsform. Weiterhin werden die Geräte aufgelistet und Daten wie Ort, Datum und Gruppe aufgenommen. Anschließend wird versucht die einzelnen Stundeninhalte möglichst genau zu beschreiben und ein Übersichtsplan der einzelnen Stunde zu erstellen. Mit Hilfe dieses Konstrukts ist es dann möglich die Stunde zu halten und entsprechend des erarbeiteten

Plans vor zu gehen (die besagten Punkte werden im Werk von Heymen und Leue, 2008, einzeln betrachtet und erstrecken sich über die Seiten 57 bis 75).

4.1 Mikrostruktur der 4. Unterrichtseinheit

Ort: Sporthalle 1 der UniBwM

Tag und Zeit: 28. Februar 2011, 1100 - 1200 Uhr

Gruppe: 6-8 Studenten des Studiengangs Sportwissenschaften 2008

4.1.1 Stundenthema

Die individual- und gruppentaktischen Maßnahmen des Kreuzens, Hinterlaufens, Spielens durch die Gasse und deren Kombination

4.1.2 Lernziel

Die Teilnehmer festigen ihr Wissen um die taktischen Maßnahmen, trainieren die taktischen Maßnahmen und kombinieren die taktischen Maßnahmen in zunehmend spielnaheren Übungen.

4.1.3 Methodik
Mischung aus deduktivem- und induktivem Unterricht.

Während der theoretischen Unterrichtsinhalte wird das induktive Lehrgespräch genutzt..

4.1.4 Medien
Zur Unterstützung der Vermittlung werden FlipCharts, Abbildungen und, falls vorhanden, Videos benutz.

4.1.5 Organisationsform
Am Beginn der Stunde steht der induktive Dialog mit dem Teilnehmer. Dabei sitzen die Teilnehmer auf der Bank oder dem Boden der Halle, der Lehrende steht vor ihnen. Während der praktischen Übungen stehen die Teilnehmer an ihren der Übung entsprechenden Startpositionen, oder befinden sich auf dem Weg zu diesen. Sie führen die Übungen den Anweisungen des Lehrenden entsprechend aus. Der Lehrende ist an keine feste Position gebunden, sondern bewegt sich so im Raum, dass er die Teilnehmer bei der Ausführung der Übungen einsehen kann. Dabei wird die Technik und taktische Maßnahme der laufenden Übung vom Lehrenden kontrolliert und nötigenfalls im Einzelgespräch oder für alle Teilnehmer korrigiert.

4.1.6 Geräte und Materialien
Neben der durch den Teilnehmer selbst mitgebrachten persönlichen Ausrüstung wie Hallenschuhen und entsprechender Kleidung werden benötigt:

- 6-8 Fußbälle
- Tafeln, Abbildungen und Videomaterial zur Maßnahmen- und Übungsbeschreibung
- Pylonen und Hütchen
- Uhr

4.2 Beschreibung einzelner Stundeninhalte

4.2.1 Begrüßung

Die Begrüßung dient dazu, den Teilnehmern das Thema der Stunde, den Ablauf und die Organisation zu nennen. Das Thema dieser Stunde lautet: „Die individual- und gruppentaktischen Maßnahmen des Kreuzens, Hinterlaufens, Spielens durch die Gasse und deren Kombination." Das Ziel der Stunde ist: „Die Teilnehmer festigen ihr Wissen um die taktischen Maßnahmen, trainieren die taktischen Maßnahmen und kombinieren die taktischen Maßnahmen in zunehmend spielnaheren Übungen."

4.2.2 Allgemeines Aufwärmen

Die Teilnehmer laufen nebeneinander in Längsrichtung und erhalten vom Lehrenden Lauf-ABC-typische Anweisungen. Dabei beträgt die Intensität der Belastung in die ersten fünf Minuten etwa 60%, die zweiten fünf Minuten steigert sie sich auf etwa 85%. Die letzten fünf Minuten dienen dem selbstständigen Dehnen.

4.2.3 Spezielle Erwärmung

Die spezielle Erwärmung dient der Ballgewöhnung. Dabei können die Teilnehmer sich den Ball zupassen, Jonglieren, Dribbeln und Ähnliches.

Abbildung 5 zeigt Übung 1

4.2.4 Abfragen bereits erworbenes Wissen + Erklärung und Durchführung Übung 1

Dieser Abschnitt soll dazu dienen, die Teilnehmer einerseits nochmals über ihr bereits in Unterrichtseinheit 1 erworbenes Wissen zu befragen und andererseits die Übung 1 zu erläutern.

Bereits erworbenes Wissen (entscheidende Punkte zum Kreuzen der Laufwege, dabei genutzt Abb.:1):

- B muss den langen Pass erkennen, besser fordern

- möglichst schneller Antritt von B um vor 1 in dessen Laufweg zu kreuzen

- möglichst genaues Anspiel von A, in den Lauf von B

- gute Ballmitnahme von B

- B muss mit Tackling von 1 rechnen

Erklärung Übung 1 (siehe dazu Abbildung 5):

- Einzelhütchen (rot) bei Position A und B

- Hütchenlinie bei C

- Linie für Torschuss bei D (9m- Linie)

- Spieler 1 bei A

- Spieler 2 auf Linie C

14

→ 1 dribbelt mit Ball von A nach B, Spielt bei B durch die Beine von Spieler 2 und startet dem Ball hinterher

→ Spieler 2 dreht sich um 180° und versucht Spieler 1 zu bedrängen

→ Spieler 1 kreuzt in den Laufweg von 2 und schließt die Aktion auf Linie D mit Torschuss ab

Zu beachten bei der Durchführung:

- Feste Paare bilden, um deutliche Unterschiede der Statur der Teilnehmer zu berücksichtigen (Verletzungsvorbeuge)
- Nach Abspiel Spieler 1 muss deutlicher Antritt erfolgen um vor Spieler 2 am Ball sein zu können
- Beim Dribbeln auf Tor durch Spieler 1 muss dieser den Ball vor Spieler 2 abschirmen und aktiv behaupten durch kreuzen in dessen Laufweg
- Tackling durch Spieler 2 durch vorherige Ansage unterbinden (Verletzungsvorbeuge)

4.2.5 Abfragen bereits erworbenes Wissen + Erklärung und Durchführung Übung 2
Bereits erworbenes Wissen zum Hinterlaufen (entscheidende Punkte, dabei genutzt Abbildung 2):

- schafft freie Räume

- Ballführender bindet Gegenspieler (Partner blank spielen)

- rückt Verteidiger raus, um den Hinterläufer zu decken, ergibt sich für Ballführenden 1:1 Situation

- Hinterläufer muss in höchstem Tempo, eng am Rücken des Ballführenden hinterlaufen (zügig in gewünschte Position, Ballführenden nicht in alternativen Aktionen behindern)

- Zuspiel auf den Hinterläufer in dessen Bewegung (damit dieser seinen Geschwindigkeitsvorteil nutzen kann)

- Hinterläufer bekommt nicht immer den Ball, schafft aber Räume und Möglichkeiten für den Ballführenden

- Häufige Fehler sind: - der Ballführende bindet nicht energisch genug den Verteidiger (spielt Partner also nicht blank)

    - Hinterläufer erkennt Situation nicht oder hinterläuft zu langsam (nur geringer Geschwindigkeitsvorteil gegenüber Verteidiger)

    - Ballführender rechnet nicht mit Hinterlaufen (mangelnde Kommunikation)

    - Pass auf Hinterläufer zu früh oder nicht ausreichend in dessen Bewegung (erschwert Durchbrechen

Abbildung 6 zeigt die Übung 2

Erklärung und Durchführung Übung 2 (siehe dazu
Abbildung 6):

- Spieler A2 spielt auf A1 und hinterläuft
  diesen zügig auf die Außenbahn
- Spieler A1 dibbelt auf B1 und bindet diesen
- B1 stellt A1 oder rückt nach außen zu A2
- A1 passt auf A2 oder dribbelt an B1 vorbei
  zum Abschluss
- A2 zieht mit Ball Richtung Torauslinie, legt
  auf für A1 zum Abschluss

4.2.6 Abfragen bereits erworbenes Wissen + Erklärung und Durchführung Übung 3

Bereits erworbenes Wissen zum Spielen durch die Gasse (entscheidende Punkte):

- sorgt beim Gegner häufig für Abstimmungsprobleme

- schafft Freiräume für andere oder einen selbst

- erfordert vom Zuspieler die Gasse zu erkennen und zielgenau und zeitlich getimt zu spielen

- erfordert vom Angespielten im richtigen Moment zu starten um nicht im Abseits zu stehen, den
Ball energisch in die Gasse zu fordern, anschließend einen möglichst schnellen Antritt zum Ball um
mögliche Abstimmungsprobleme beim Gegner nutzen zu können

Erklärung und Durchführung Übung 3 (siehe dazu Abbildung 7):

Abbildung 7 zeigt Skizze zu Übung 3

- etwa 20m vor dem Tor befindet sich eine Hütchenreihe
mit Spieler A

- etwa 5m vor der Hütchenreihe ein einzelnes Hütchen mit
Spieler B

- Spieler A beginnt die Übung mit einer Auftaktbewegung
Richtung Tor, kehrt um und erhält von Spieler B den Ball
(Pass 1), den er tropfen lässt (Pass 2)

- Spieler A umläuft ein äußeres Hütchen, während Spieler
B durch die Gasse auf Spieler A spielt (Pass 3), welcher 1:1
gegen den Torwart spielt

Wichtig: - Auftaktbewegung durch Spieler A

- genaues Zuspiel durch Spieler B in den Lauf von A

- Starten Spieler A erst auf Zuspiel von B um Abseits zu vermeiden

Abbildung 8 zeigt die Übung 4

4.2.7 Erklärung und Durchführung Übung 4 (Kombinationsübung)

Erklärung Übung 4 (siehe dazu Abbildung 8):

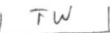

- Aufbau ähnlich Übung 3, dazu gekommen ein weiteres Hütchen (etwa 4m nach hinten rechts versetzt)

- Spieler B spielt einen Pass auf Spieler A (Pass 1) und Hinterläuft möglichst schnell Spieler A und äußerst linkes Hütchen

- Spieler A dribbelt mit Ball auf Hütchenreihe (Gegner) zu, macht vor dem mittleren Hütchen eine Körpertäuschung nach links um dann den Ball nach rechts mitzunehmen und durch die Gasse auf Spieler B zu spielen (Pass 2)

- Spieler B steht 1:1 gegen den Torwart

4.2.8 Cool Down

Das Abwärmen umfasst ein Auslaufen von 2 bis 3 Hallenrunden und ein anschließendes Dehnen.

4.2.9 Fragen und Verabschiedung

In diesem letzten Teil der Unterrichtseinheit sollen offene Fragen geklärt werden, ein Resümee der Stunde gegeben werden und ein Ausblick auf die kommende Stunde gegeben werden.

4.3 Unterrichtsablauf

In der folgenden Tabelle 2 soll der Ablauf der 2. Unterrichtseinheit nochmals tabellarisch aufgezeigt werden.

Zeit	Ziel	Ablauf	Organisation	Bemerkung
2/90	- Begrüßung - Nennung des Themas		- loser Halbkreis	
15/73	Allgemeine Erwärmung	- die Teilnehmer wärmen sich mit Hilfe eines Lauf- ABC´s auf - Dehnen	- Teilnehmer laufen Längsbahnen und erhalten Anweisungen vom Lehrenden - Dehnen = selbstständig	- Zunehmende Steigerung der Intensität
5/68	Spezielle Erwärmung	- Teilnehmer gewöhnen sich an den Ball	- selbstständig	- frei im Raum
5/63	- Dialog Kreuzen - Einweisung Übung 1	- Lehrender führt Dialog mit Teilnehmern und geht dabei auf wesentliche Punkte des Kreuzens der Laufwege ein - Lehrender erklärt Übung 1	- Sitzkreis	- Abbildung 1 - Abbildung 5
10/53	Übung 1	- siehe Übungsbeschreibung	- siehe Übungsbeschreibung	- schneller Antritt - betontes Körpervorschieben - Gegenspieler zunächst Teilaktiv
5/48	- Dialog Hinterlaufen - Einweisung Übung 2	- Lehrender führt Dialog mit Teilnehmern und geht dabei auf wesentliche Punkte des Hinterlaufens ein - Lehrender erklärt Übung 2	- Sitzkreis	- Abbildung 2,3 - Abbildung 6
10/38	Übung 2	- siehe Übungsbeschreibung	- siehe Übungsbeschreibung	- schnelles und enges Hinterlaufen - Binden Gegenspieler - Zug zur Torauslinie und scharfe flache Rückgabe
5/33	- Dialog Spielen durch die Gasse - Einweisung Übung 3	- Lehrender führt Dialog mit Teilnehmern und geht dabei auf wesentliche Punkte des Spielens durch die Gasse e r - Lehrender erklärt Übung 3	- Sitzkreis	- Abbildung 4 - Abbildung 7
10/23	Übung 3	- siehe Übungsbeschreibung	- siehe Übungsbeschreibung	- Auftaktbewegung - Abseits
15/8	- Einweisung Übung 4 - Übung 4	- siehe Übungsbeschreibung	- siehe Übungsbeschreibung	- schnelles und enges Hinterlaufen - Körpertäuschung
5/3	Cool Down	- Vorgabe Auslaufen X Runden - Dehnen	- formationslos - selbstständig	
3/0	Fragen und Verabschiedung	- beantworten letzter Fragen - Resümee - Ausblick	Loser Halbkreis	

Tabelle 2

18

5. Unterrichtsauswertung

Heymen und Leue (2008, S.76ff) zufolge mach die Unterrichtsauswertung den Planungsprozess erst komplett. Durch sie ist es möglich, wichtige Erkenntnisse über die Gruppe, das Lernverhalten und die Beziehung der Teilnehmer untereinander und zum Lehrenden zu erhalten. Weiterhin hinterfragt man auch das eigene Verhalten. Konnte man eine Beziehung zum Teilnehmer aufbauen, waren die genannten Beispiele gut gewählt und konnte man entsprechende Techniken richtig und anschaulich vormachen. Ebenfalls hinterfragt werden die gewählten Organisationsformen, das heißt einerseits: Wurden die richtigen Formen gewählt, und wurden diese Formen auch entsprechend durch die Teilnehmer umgesetzt? Gleiches trifft auf die gewählten Medien zu, also waren diese gut gewählt und kamen die Aussagen beim Teilnehmer an? Das Autorenduo stellt auf den besagten Seiten einen Fragenkatalog zur Verfügung, welcher bei der Beantwortung entscheidender Fragen hilft, und damit auch Selbstreflexion ermöglicht, um gemachte Fehler zu erkennen, damit den nächsten Unterricht zu verbessern und somit den Teilnehmer noch besser zu erreichen.

Anlage 1: Lagepaln UniBwM

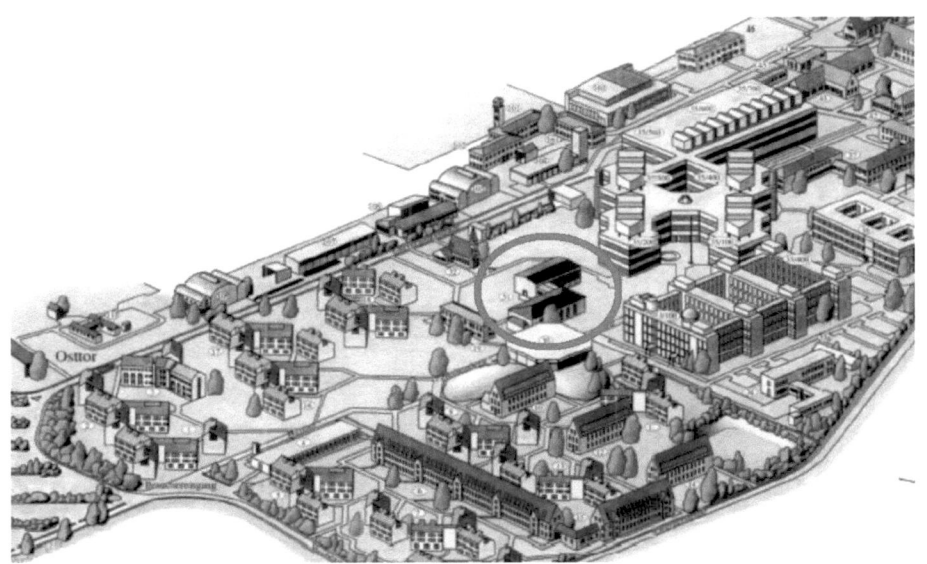

Anlage 2: Fragenbogen der Teilnehmer

Bitte die folgenden Fragen ehrlich beantworten (die Fragen 4 bis 15 bitte mit Hilfe des Schulnotensystems)!

1.:   Vor- und Nachname:

2.:   Alter:

3.:   Größe:

Erfahrungen mit der individualtaktischen Maßnahme des Kreuzens der Laufwege:

    4.:   Weiß was gemeint ist?

    5.:   Habe ich schon mal angewendet?

    6.:   Beherrsche ich?

    7.:   Kann ich erklären?

Erfahrungen mit der gruppentaktischen Maßnahme des Spielens durch die Gasse?

    8.:   Weiß was gemeint ist?

    9.:   Habe ich schon mal angewendet?

    10.:   Beherrsche ich?

    11.:   Kann ich erklären?

Erfahrungen mit der gruppentaktischen Maßnahme des Hinterlaufens?

    12.:   Weiß was gemeint ist?

    13.:   Habe ich schon mal angewendet?

    14.:   Beherrsche ich?

    15.:   Kann ich erklären?

Spiele im Verein seit .... Jahren?

DANKE

Teilnehmer	MG	CDvK	GK	DL	BS	TH	DL	AS	TP
Alter	27	24	25	25	23	23		25	27
Größe	180cm	181cm	187cm	167cm	182cm	178cm		178cm	180cm
Kreuzen (weiß was gemeint ist)	1	1	1	3	2	1		2	2
Kreuzen (habe ich schon mal angewendet)	1	1	1	4	3	1		2	2
Kreuzen (beherrsche ich)	1	2	1	4	3	3		3	2
Kreuzen (kann ich erklären)	1	2	3	5	3	3		3	3
Spielen durch die Gasse (weiß was gemeint ist)	1	1	2	2	2	1		2	
Spielen durch die Gasse (habe ich schon mal angewendet)	1	1	2	3	4	1		3	2
Spielen durch die Gasse (beherrsche ich)	1	2	2	5	4	3		3	3
Spiele durch die Gasse (kann ich erklären)	1	2	4	5	4	3		2	2
Hinterlaufen (weiß was gemeint ist)	1	1	1	3	2	1		2	4
Hinterlaufen (habe ich schon mal angewendet)	1	1	1	4	3	1		3	3
Hinterlaufen (beherrsche ich)	1	2	1	6	3	3		3	3
Hinterlaufen (kann ich erklären)	1	2	3	6	3	3		2	3
Spiele seit Xa im Verein Fußball	22	2	13	0	1,5	7		17	9

6. Literatur- und Quellenverzeichnis

http://www.dfb.de/index.php?id=11015 (Zugriff: 10.02. um 1500Uhr)

Bisanz, G. & Gerisch, G. (2010). Fußball. Aachen: Meyer & Meyer

Reimöller, D. (2008). Erfolgreiches Angreifen. Passau: DFV Der Fußballverlag